19 juin 1912

VENTE
Du Mercredi 19 Juin 1912
HOTEL DROUOT, SALLE N° 6
A DEUX HEURES

OBJETS D'ART

ET

D'AMEUBLEMENT

Vase en ancienne Porcelaine de Chine à fond noir

CANDÉLABRE EN SPATH-FLUOR ET BRONZE

DE LA FIN DU XVIII° SIÈCLE

COMMISSAIRE-PRISEUR
M⁰ HENRI BAUDOIN
Successeur de M. Paul CHEVALLIER
EXPERTS
MM. MANNHEIM

CATALOGUE

DES

OBJETS D'ART

ET

D'AMEUBLEMENT

PORCELAINES

Vase en ancienne Porcelaine de Chine à fond noir

CANDÉLABRE EN SPATH-FLUOR ET BRONZE
DE LA FIN DU XVIIIe SIÈCLE

ÉMAUX CLOISONNÉS

BRONZES — MEUBLES

ÉTOFFES — TAPIS

DONT LA VENTE AURA LIEU A PARIS

HOTEL DROUOT, SALLE N° 6

LE MERCREDI 19 JUIN 1912

à deux heures

COMMISSAIRE-PRISEUR	EXPERTS
Me HENRI BAUDOIN	**MM. MANNHEIM**
Successeur de M. PAUL CHEVALLIER	7, rue Saint-Georges
10, rue Grange-Batelière	PARIS

EXPOSITION PUBLIQUE

Le MARDI 18 JUIN 1912, de 1 h. 1/2 à 6 heures

CONDITIONS DE LA VENTE

Elle sera faite au comptant.

Les adjudicataires paieront *dix pour cent* en sus des enchères.

Paris — Imp. de l'Art, Ch. Berger, 41, rue de la Victoire

DÉSIGNATION

PORCELAINES ET FAIENCES

1 — Petite coupe en porcelaine de Chine, monture en bronze.

2 — Deux vases en porcelaine : fleurettes en relief.

3 — Deux cornets, décorés de fieurs et oiseaux sur fond vert gravé. Porcelaine de Chine.

4 — Tasse et soucoupe, à décor de fleurs. Porcelaine de Sèvres, époque Restauration.

5 — Deux petites potiches, décorées de branches fleuries et de rochers, en porcelaine de Chine.

6 — Petite potiche, décorée de femmes et enfants, en ancienne porcelaine de Chine, époque des Ming.

7 — Cornet, décoré de personnages et de fruits. Ancienne porcelaine de Chine, époque des Ming.

8 — Potiche, décorée de lambrequins en bleu, en ancienne porcelaine de Chine, époque Kang-shi.

9 — Potiche, décorée d'un paysage animé en bleu. Ancienne porcelaine de Chine, époque Kang-shi.

10 — Petite potiche, décorée de réserves contenant des dragons et des fleurs sur fond vert. Ancienne porcelaine de Chine, époque Kien-lung.

11 — Petite potiche, décorée de fleurs, rochers et oiseaux. Ancienne porcelaine de Chine, époque Kien-lung.

12 — Pot ovoïde, décoré de fleurs en bleu. Ancienne porcelaine de Chine, époque Kien-lung.

13 — Partie de vase, décoré d'enfants acrobates, en ancienne porcelaine de Chine, époque Kien-lung.

14 — Sucrier, avec couvercle, décoré de fleurs sur fond rose gravé. Ancienne porcelaine de Chine, époque Kien-lung.

15 — Petit vase, à col évasé, décoré d'une femme et d'un enfant. Ancienne porcelaine de Chine, époque Kien-lung.

16 — Petit vase, à col évasé, décoré d'une femme et d'un enfant. Ancienne porcelaine de Chine, époque Kien-lung.

17 — Petite potiche, décorée de fleurs et dragons sur fond rose. Ancienne porcelaine de Chine. Époque Kien-lung.

18 — Petite potiche, décorée de dragons et fleurs, dans des médaillons se détachant sur fond vert. Ancienne porcelaine de Chine, époque Kien-lung.

19 — Deux tasses, avec soucoupes, décorées de fleurs, en porcelaine.

20 — Coupe, forme feuille d'eau, en ancienne porcelaine de Chine émaillée vert.

21 — Plaque, décorée de personnages. Ancienne porcelaine de Chine.

22 — Plaque à double face, décorée de personnages. Ancienne porcelaine de Chine.

23 — Deux statuettes d'enfants, debout, tenant
chacun un petit vase, en porcelaine de
Chine.

24 — Huit coupes à bords ajourés en ancienne
porcelaine du Japon, décor de fleurs et oiseaux.

25 — Trois potiches avec couvercles, décorées,
en bleu, rouge et or, de compartiments contenant des branches de fleurs. Ancienne porcelaine du Japon.

26 — Six compotiers à bords festonnés en ancienne porcelaine de Chine, décorés de
fleurs, arbustes, rochers et oiseaux.

27 — Environ deux cent seize assiettes, en an-
ciennes porcelaines de la Chine, du Japon et
de l'Inde. (Seront divisées.)

28 — Potiche, avec couvercle, en ancienne porcelaine de Chine, époque Kien-lung, décorée
de réserves contenant des branches fleuries
et se détachant sur un fond noir chargé de

branchages, chrysanthèmes, etc. Elle est montée en candélabre en bronze.

Haut., 33 cent.

29 — Service de table, d'environ cent quatre-vingt-cinq pièces, décorées de barbeaux, en porcelaine de Nast et autres. Il comprend des assiettes, des plats, des saucières, des soupières, des pots à crème, des compotiers, etc.

30 — Fontaine, décorée d'animaux et personnages. Porcelaine du Japon.

31 — Deux cache-pots décorés de guirlandes de pensées alternant avec des ornements dorés. Ancienne porcelaine à la Reine.

32 — Grand plat en ancienne faïence de Nevers, décoré en bleu de personnages dans un paysage.

OBJETS VARIÉS

33 — Petit brûle-parfums, à décor imitant les flots. Ancien émail cloisonné de la Chine, époque des Ming.

34 — Bol, décoré de fleurs sur fond bleu. Ancien émail cloisonné de la Chine, époque des Ming.

130 35 — Brûle-parfums, surbaissé, décoré de rinceaux sur fond bleu. Ancien émail cloisonné
de la Chine, époque des Ming.

36 — Petit pitong, décoré de fleurs sur fond
bleu. Ancien émail cloisonné de la Chine,
époque des Ming.

220 37 — Vase, décoré de fleurs sur fond bleu. Ancien émail cloisonné de la Chine, époque
des Ming.

38 — Coupe, décorée de fleurs sur fond bleu.
Ancien émail cloisonné de la Chine, époque
des Ming.

250 39 — Porte-lumière, décoré de dragons et rinceaux sur fond bleu. Ancien émail cloisonné
de la Chine, époque des Ming.

100 40 — Deux petits plateaux ronds en ancien
émail cloisonné de la Chine, époque des
Ming.

41 — Petite boîte lenticulaire, décorée de rinceaux sur fond bleu. Ancien émail cloisonné de la Chine, époque Kang-shi.

42 — Brûle-parfums ovale, avec couvercle, en
bronze et émail cloisonné de la Chine.

43 — Deux jardinières, décorées de fleurs sur fond bleu, en ancien émail cloisonné de la Chine.

44 — Statuette-applique en bois sculpté de saint personnage, debout. XVIᵉ siècle.

45 — Calice en argent, décoré de médaillons quadrilobés émaillés. Ancien travail espagnol.

46 — Aiguière et bassin ovale en argent, à décor de larges feuilles et palmettes, avec couronne de comte. Commencement du XIXᵉ siècle.

47 — Grand guéridon, formé d'un plateau gravé, à lambrequins et inscription. Ancien travail oriental.

48 — Montre à répétition, à double boîtier, en or repoussé et ajouré, à personnages. Mouvement signé : *Strixner, London*. XVIIIᵉ siècle.

49 — Deux clés de montre, un cachet et fermoir d'escarcelle.

5o — Verre à pied, bordure dorée.

51 — Éventail à monture d'ivoire partiellement argenté et doré, feuille à personnages, amours et branchages. Époque Louis XVI.

52 — Éventail à monture d'ivoire peint, feuille ornée de trois petites gravures. Fin du xviiie siècle.

53 — Un volume allemand, par Alonsius Gonzaga. Vienne, 1822. Relié et avec étui.

54 — Quatre volumes : Œuvres de Racine.

55 — Un volume : Histoire de la Vie et Passion de notre sauveur Jésus-Christ. Paris, 1689. Avec illustrations.

56 — Étui-nécessaire en cuivre repoussé et doré, du temps de Louis XV.

57 — Passoire et trois louches en cuivre et fer.

58 — Fer à repasser.

59 — Deux poignards variés, persans, à poignée en métal verni.

BRONZES

60 — Deux flambeaux en bronze argenté, décor de fleurettes gravées. Époque Louis XV.

61 — Candélabre, à quatre lumières, composé d'un vase en spath-fluor ; monture en bronze formée d'un culot feuillagé, de guirlandes,

cariatides et bras de lumières. Base plaquée
d'ébène et d'écaille. Fin du xviiie siècle.

Haut., 52 cent.

62 — Brûle-parfums, en forme d'animal chimé-
rique, en bronze du Japon partiellement doré.

63 — Petit vase rond, sur trois pieds, avec couvercle, en métal de cloche, décor de guirlandes. Travail allemand du xvie siècle.

64 — Sonnette en bronze, du xvie siècle.

65 — Petite marmite, sur trois pieds, décorée de
bustes et fleurs de lis, en bronze. xviie siècle.

66 — Petit brasero en bronze.

67 — Six petits chandeliers en dinanderie.

68 — Deux petits crochets porte-montres, forme
lyre, en bronze doré, du temps de Louis XVI.

69 à 71 — Six plats variés en ancienne dinan-
nanderie.

72 — Quatre pièces, bronze : deux bras de lumières, forme lézards, et deux médaillons-
bustes en bas-relief.

MEUBLES

73 — Meuble-scriban, à nombreux tiroirs, avec pupitre, en marqueterie de bois de couleur, à fleurs et rinceaux. Ancien travail allemand.

74 — Grande armoire en marqueterie de bois de couleurs, décorée de fleurs, de colonnettes, de moulures, etc. Ancien travail allemand.

75 — Bureau à dos d'âne en bois de placage, garni de bronzes. Milieu du xviiie siècle.

76 — Bureau à cylindre en marqueterie de bois de couleur, contenant de nombreux tiroirs intérieurs et extérieurs. xviiie siècle.

77 — Grand paravent, à quatre feuilles, décoré de peintures dans le goût du xviiie siècle.

78 — Commode, à trois rangs de tiroirs, en bois de placage, garnie de bronzes. Époque Régence.

79 — Commode, à trois tiroirs, en marqueterie de bois de couleur à damier. Époque Louis XVI.

80 — Paravent, à quatre feuilles, décoré de peintures à sujets chinois et motifs variés sur toile. xviii siècle.

81 — Chaise à porteurs, à décor d'armoiries et fleurs sur fond vert. xviiie siècle.

82 — Meuble à hauteur d'appui, à deux portes, décor de moulures; dessus de marbre. Fin du xviiie siècle.

83 — Petite table rectangulaire, à un tiroir, en marqueterie de bois de couleur et d'os.

ÉTOFFES, TAPIS

84 — Siège et dossier, décorés de fleurs et d'oiseaux. xviiie siècle.

85 — Jupe en satin rouge broché à fleurs en blanc avec rayures vertes. Epoque Louis XV.

86 — Jupe défaite en soie rose brochée à fleurs en gris. Époque Louis XV.

87 — Habit en étoffe rouge Louis XV.

88 — Robe et jupe en satin rouge broché à fleurs en jaune et rayé bleu. Époque Louis XV.

89 — Robe en satin bleu pâle broché à fleurs, du temps de Louis XV.

90 — Robe en satin rouge broché à fleurs en blanc et rayé vert. Époque Louis XV.

91 — Houppelande en soie jaune brochée à fleurs et lamée d'argent, du temps de Louis XV.

92 — Robe et jupe en soie rose brochée à fleurs. Époque Louis XV.

93 — Robe en satin rayé crème et orange et broché à fleurs. Époque Louis XV.

94 — Jupe en soie vieux rose rayée et brochée à fleurs.

95 — Habit en drap marron brodé à fleurs. Époque Louis XV.

96 — Habit et culotte en velours rouge brodé de soie et de métal avec paillettes. Époque Louis XV.

97 — Habit en soie havane brodée à fleurs, du temps de Louis XV.

98 — Habit, gilet et culotte en soie vieux rose brochée à fleurettes dans des carrelages. Époque Louis XV.

99 — Habit en soie vieux rose rayée et brochée
à fleurettes, avec boutons d'acier. Époque
Louis XVI.

100 — Chasuble en brocart à fond rouge. xviii^e
siècle.

101 — Dalmatique en brocart à fond bleu et
rose. xviiie siècle.

102 — Houppelande en soie crème brochée à
fleurs. xviiie siècle.

103 — Chasuble et dalmatique en brocart à
fleurs sur fond crème. xviiie siècle.

104 — Chasuble en soie crème brochée à fleurs.
xviiie siècle.

105 à 111 — Quatorze gilets variés en soie ou
velours de diverses époques. (Seront di-
visés.)

112 — Deux habits de livrée, avec galons ar-
moriés.

113 — Petit panneau en soie jaune brochée à
petits ramages.

114 — Petite veste orientale en soie écrue.

115 — Six morceaux de soie rayée et brochée à fleurs, avec passementerie.

116 — Petit tapis de prières, oriental, décoré de fleurs, ustensiles et inscriptions.

117 — Tapis de selle oriental en velours brodé et soie rouge, avec applications.

118 — Bride orientale ; velours et métal.

119 — Couvre-lit en guipure, à fleurs.

120 — Portière en velours violet brodé de métal doré. Travail oriental.

121 — Deux petites carpettes, variées, de travail oriental, à motifs géométriques, sur fond bleu ou rouge. Bordure sur fond blanc et rouge.

122 — Quatre pièces : tapis à fleurs sur fond rouge ; petit tapis en coton brodé ; autre, brodé rouge, et panneau en étoffe à fond violet.